Santo Antônio

Novena, trezena e responsório

Mario Basacchi

Santo Antônio

Novena, trezena e responsório

Paulinas

Citações bíblicas: *Bíblia Sagrada* – tradução da CNBB, 2ª ed., 2002.

Editora responsável: *Celina Weschenfelder*
Equipe editorial

13ª edição – 2011
10ª reimpressão – 2025

Nenhuma parte desta obra poderá ser reproduzida ou transmitida por qualquer forma e/ou quaisquer meios (eletrônico ou mecânico, incluindo fotocópia e gravação) ou arquivada em qualquer sistema ou banco de dados sem permissão escrita da Editora. Direitos reservados.

Cadastre-se e receba nossas informações
paulinas.com.br
Telemarketing e SAC: 0800-7010081

Paulinas

Rua Dona Inácia Uchoa, 62
04110-020 – São Paulo – SP (Brasil)
📞 (11) 2125-3500
✉ editora@paulinas.com.br

© Pia Sociedade Filhas de São Paulo – São Paulo, 2003

Apresentação

Santo Antônio é conhecido como o Santo de Lisboa, por ter nascido nessa cidade portuguesa, e também como o Santo de Pádua, por ter morrido em Pádua (Itália).

Fiel imitador de Cristo, humilde, carismático e taumaturgo, foi um exímio pregador do Evangelho. Amante da pobreza e dos pobres, defendia os deserdados e explorados. Discípulo de São Francisco, seu pai espiritual, Antônio também amava a natureza e a solidão. Quando não era ouvido pelas pessoas, dirigia-se às aves e aos peixes. Passava muitos dias em meditação e oração em lugares afastados, longe do barulho e da agitação das cidades.

Enquanto rezava em um desses eremitérios, recebeu a visita do Menino Jesus.

Em razão dessa aparição, Santo Antônio é representado carregando o Menino Jesus nos braços. O lírio, que aparece nos braços ou nos pés, é o símbolo da pureza.

A sua mensagem de fé e de amor para com Deus e a sua caridade para com os mais pobres continuam atuais. Sal da terra e luz do mundo, Santo Antônio é tão procurado pelas pessoas que se tornou um dos santos mais populares do mundo.

Em sua companhia, procuremos reencontrar o verdadeiro sentido da nossa vida, a fé em Deus, o amor para com os mais pobres e uma esperança inabalável na Divina Providência. Sejamos gratos a Deus por nos ter dado um padroeiro tão poderoso, a quem podemos recorrer em nossas necessidades, porque nunca se ouviu dizer que quem recorresse à sua intercessão não fosse atendido.

Vida de Santo Antônio

Santo Antônio, cujo nome de batismo era Fernando, nasceu em Lisboa (Portugal), em 1195, numa família de posses. Martinho e Maria, seus pais, tiveram outros filhos, mas existe apenas o registro de uma irmã, Maria, religiosa, que faleceu no Mosteiro São Miguel, em Lisboa.

Aos 15 anos de idade, Antônio ingressou no Mosteiro de São Vicente de Fora, dos Agostinianos. Desejoso de seguir o exemplo dos franciscanos, e talvez o martírio, mudou seu nome para Antônio, e foi aceito na Ordem franciscana. Seguiu para o Marrocos, com o objetivo de converter os sarracenos. A sua estada naquele país foi curta, em virtude de uma doença que o acometeu. O navio em que viajava de volta a Portugal foi levado por uma tempestade ao sul da Itália. Em Assis (Itália), encontrou-se com São Francisco, surgindo entre eles uma amizade sincera e duradoura. Incentivado pelo santo patriarca, revelou-se grande pregador da Palavra de Deus e descobriu, assim, o destino de sua vida.

Viajou por muitas regiões da Itália e da França. Em suas pregações, combatia com veemência as injustiças e desordens sociais, a exploração dos pobres pelos usurários e a vida incorreta de certos setores do clero.

Lecionou teologia nas Universidades de Bolonha e Pádua (Itália), Toulouse e Montpellier (França). Proferiu célebres sermões, adquirindo grande fama como orador sacro. Sua palavra era acompanhada por milagres e prodígios diversos, o que contribuiu para o crescimento de seu prestígio e santidade.

Com a saúde abalada pelo trabalho apostólico, pelo jejum e pela penitência, recolheu-se no eremitério dos frades franciscanos, em Camposampiero, a 18 km de Pádua.

Foi na cela-ninho, construída em cima de uma nogueira, a seu pedido, que Santo Antônio recebeu a visita do Menino Jesus. Consolado e assistido pelo Filho de Deus e por Maria Santíssima, entregou sua bela alma ao Criador. Era o dia 13 de junho de 1231. Foi sepultado em Pádua, onde se ergueu a Basílica que leva o seu nome, hoje um grande centro de peregrinações.

O Papa Gregório IX o declarou santo apenas onze meses após a sua morte, atendendo à voz do povo. E pela atualidade e profundidade de seus escritos, o Papa Pio XII o declarou doutor da Igreja, em 1946.

Santo Antônio continua sendo o santo mais popular do Brasil, conhecido também como padroeiro dos pobres, santo casamenteiro; é sempre invocado para achar objetos perdidos, e é muito lembrado nas festas juninas, nas quais são acesas fogueiras em sua homenagem.

Santo Antônio quer que a nossa fé se fortaleça pelo bom exemplo e pelas boas ações, porque a fé sem obras é morta.

"Eu vos esconjuro, pois, deixai vossa boca emudecer-se e vossas ações falarem! Nossa vida está tão cheia de belas palavras e tão vazia de boas obras" (Santo Antônio).

PRIMEIRO DIA

Em nome do Pai, do Filho e do Espírito Santo. Amém.

Leitura bíblica

"Um broto vai surgir do toco que restou de Jessé, das velhas raízes, um ramo brotará. Sobre ele há de pousar o espírito do Senhor, espírito de sabedoria e de compreensão, espírito de prudência e de valentia, espírito de conhecimento e temor do Senhor. A justiça será o cinto que ele usa, a verdade o cinturão que ele não deixa" (Is 11,1-2.5).

"Nele (Cristo), Deus nos escolheu, antes da fundação do mundo, para sermos santos e íntegros diante dele, no amor" (Ef 1,4).

Santo Antônio: lírio de pureza

Não é por acaso que o lírio, símbolo de pureza, está sempre representado junto à imagem de Santo Antônio. Desde a sua tenra idade, Antônio cultivou esta virtude tão agradável a Deus e a sua Santa Mãe.

Aos 15 anos, Antônio decidiu consagrar a sua vida a Cristo Jesus e, por isso, ingressou na Ordem de Santo Agostinho. Como agostiniano, e depois como franciscano, fez votos solenes de castidade, pobreza e obediência, consagrando a Deus todo o seu ser.

Oração do dia

Ó glorioso Santo Antônio, alcançai-nos o perdão de Deus por termos profanado muitas vezes o nosso corpo, templo do Divino Espírito Santo. Fazei com que possamos nos apresentar diante do trono de Deus com a veste branca do batismo, lavada no precioso sangue de Jesus e purificada pela sinceridade do nosso arrependimento.

Oração final

Ó amável e querido Santo Antônio, confessor e doutor da Igreja, lembrai-nos de que nunca quem procurou vosso auxílio deixou de ser atendido. Animados, nós também, por essa grande confiança e pela certeza de que não rezaremos em vão, recorremos a vós que sois tão rico em graças e o mais afortunado amigo do Menino Jesus e de sua Santa Mãe. Esperamos que intercedais a Deus em nosso favor e que possamos alcançar a graça de que necessitamos. Isso vos pedimos por intermédio de Maria, nossa Mãe. Amém.

Pai-Nosso, Ave-Maria, Glória.
Santo Antônio, rogai por nós.

SEGUNDO DIA

Em nome do Pai, do Filho e do Espírito Santo. Amém.

Leitura bíblica

"Ele libertará o pobre que o invoca e o indigente que não acha auxílio; terá piedade do fraco e do pobre, e salvará a vida de seus indigentes. Vai defendê-los da opressão e da violência, será precioso aos olhos dele o seu sangue" (Sl 72,12-14).

"Eis que vos envio como cordeiros para o meio de lobos" (Lc 10,3).

Santo Antônio: fidelíssimo filho de São Francisco

Santo Antônio, amigo de São Francisco, a seu exemplo, era humilde, obediente, amante da solidão e da oração. Dedicava-se a aliviar os sofrimentos dos pobres. Não se orgulhava do seu saber e eloquência, mas se servia de seus dotes para anunciar o Reino de Deus e combater a corrupção e o erro. Incentivava a virtude e amava todas as criaturas sem distinção.

Oração do dia

Ó glorioso Santo Antônio, ensinai-nos a viver segundo a vontade de Deus. Fazei-nos descobrir em cada irmão pobre e enfermo o Cristo que está escondido neles. Tornai o nosso coração humilde e cheio de amor para com o nosso próximo.

Oração final

Ó amável e querido Santo Antônio, confessor e doutor da Igreja, lembrai-nos de que nunca quem procurou vosso auxílio deixou de ser atendido. Animados, nós também, por essa grande confiança e pela certeza de que não rezaremos em vão, recorremos a vós que sois tão rico em graças e o mais afortunado amigo do Menino Jesus e de sua Santa Mãe. Esperamos que intercedais a Deus em nosso favor e que possamos alcançar a graça de que necessitamos. Isso vos pedimos por intermédio de Maria, nossa Mãe. Amém.

Pai-Nosso, Ave-Maria, Glória.
Santo Antônio, rogai por nós.

TERCEIRO DIA

Em nome do Pai, do Filho e do Espírito Santo. Amém.

Leitura bíblica

"Deixai as crianças virem a mim e não as impeçais, pois a pessoas assim é que pertence o Reino de Deus. Eu vos digo: quem não receber o Reino de Deus como uma criança não entrará nele" (Lc 18,16-17).

Santo Antônio: íntimo amigo do Menino Jesus

É fácil identificar Santo Antônio, pois ele sempre carrega o Menino Jesus em seus braços. A intimidade que o santo teve com o Menino Jesus foi fruto do seu grande amor e dedicação para com ele.

O mistério de Belém, renovado todo ano com o presépio vivo, que São Francisco iniciou, vinha reavivar na memória de Antônio o quanto Deus nos amou. Este quadro incitava o santo a imitar a pobreza, a humildade e a submissão do Menino Jesus.

Mais de uma vez, e especialmente nos últimos dias de sua vida, Santo Antônio teve a alegria de receber a visita do Menino Jesus e a felicidade de apertá-lo contra o peito.

Oração do dia

Ó amável Santo Antônio, que por uma graça especial soubestes compreender e viver o mistério de Belém, obtende-nos a sabedoria de sermos humildes e desprendidos dos bens terrestres, para almejarmos tão somente as coisas do céu. Fazei com que, em qualquer tempo e lugar, amemos e respeitemos as crianças. Acolhei sob a vossa poderosa proteção nossas crianças e nossos jovens.

Oração final

Ó amável e querido Santo Antônio, confessor e doutor da Igreja, lembrai-nos de que nunca quem procurou vosso auxílio deixou de ser atendido. Animados, nós também, por essa grande confiança e pela certeza de que não rezaremos em vão, recorremos a vós que sois tão rico em graças e o mais afortunado amigo do Menino Jesus e de sua Santa Mãe. Esperamos que intercedais a Deus em nosso favor e que possamos alcançar a graça de que necessitamos. Isso vos pedimos por intermédio de Maria, nossa Mãe. Amém.

Pai-Nosso, Ave-Maria, Glória.
Santo Antônio, rogai por nós.

QUARTO DIA

Em nome do Pai, do Filho e do Espírito Santo. Amém.

Leitura bíblica

"Deus honra o pai nos filhos e confirma, sobre eles, a autoridade da mãe. Quem honra seu pai intercederá pelos pecados, evitará cair neles e será ouvido na oração cotidiana. Quem respeita sua mãe é como alguém que ajunta tesouros. Quem honra seu pai terá alegria em seus próprios filhos; e, no dia em que orar, será atendido. Quem honra seu pai terá vida longa, e quem obedece ao pai é o consolo da mãe" (Eclo 3,3-7).

"Como mereço que a mãe do meu Senhor venha me visitar? Todas as gerações, de agora em diante, me chamarão feliz" (Lc 1,43.48b).

Santo Antônio: servo de Maria

Nos escritos e sermões de Santo Antônio aparece o seu devotamento à Mãe Imaculada. A devoção a Santa Virgem Maria é um dos traços característicos de todo franciscano, herança do seráfico pai, São Francisco de Assis, e Santo Antônio se declarava servo da Mãe Imaculada e se fez propagador de sua devoção.

Oração do dia

Ó santo Antônio, fiel servidor de Jesus e de Maria, fazei com que, seguindo o vosso exemplo, nos tornemos servos devotados da Mãe Imaculada, e por ela possamos encontrar Jesus e subir ao Altíssimo, sem nada temer.

Oração final

Ó amável e querido Santo Antônio, confessor e doutor da Igreja, lembrai-nos de que nunca quem procurou vosso auxílio deixou de ser atendido. Animados, nós também, por essa grande confiança e pela certeza de que não rezaremos em vão, recorremos a vós que sois tão rico em graças e o mais afortunado amigo do Menino Jesus e de sua Santa Mãe. Esperamos que intercedais a Deus em nosso favor e que possamos alcançar a graça de que necessitamos. Isso vos pedimos por intermédio de Maria, nossa Mãe. Amém.

Pai-Nosso, Ave-Maria, Glória.
Santo Antônio, rogai por nós.

QUINTO DIA

Em nome do Pai, do Filho e do Espírito Santo. Amém.

Leitura bíblica

"Não negarás a paga a um pobre e indigente, seja ele um irmão teu, seja um estrangeiro que mora no país, numa de tuas cidades. Dá-lhe no mesmo dia o salário, para que o sol não se ponha sobre a dívida, pois ele é pobre, e o salário significa o seu sustento" (Dt 24,14-15).

"Dá do teu pão a quem tem fome e dá tua roupa aos que estão nus. Dá tudo o que tiveres em abundância, dá esmola, e não seja mesquinho ao dar" (Tb 4,16).

"Certamente conheceis a generosidade de nosso Senhor Jesus Cristo: de rico que era, tornou-se pobre por causa de vós, para que vos torneis ricos, por sua pobreza" (2Cor 8,9).

Santo Antônio: amigo da pobreza

Santo Antônio, a exemplo de São Francisco, emitindo o voto de pobreza, escolheu uma vida de renúncia e de privações. Não apenas amou a pobreza, mas se fez defensor dos pobres e explorados. Defendeu-os dos usurários. Acolheu e amparou os pobres, providenciando asilo, roupa e comida, e para matar a fome deles, multiplicou os pães.

Em razão desse milagre e para lembrar esse prodígio, nos conventos franciscanos são bentos e distribuídos pães aos pobres: os pães de Santo Antônio.

Oração do dia

Ó caridoso Santo Antônio, que tivestes uma grande predileção para com os pobres e, para matar sua fome, multiplicastes os pães, fazei com que em nenhuma mesa falte o pão de cada dia e que sejamos sempre alimentados pelo pão descido dos céus. Mostrai-nos que não só de pão vive o homem, mas do cumprimento da vontade de Deus, e que um copo d'água dado por amor de Deus não ficará sem recompensa.

Oração final

Ó amável e querido Santo Antônio, confessor e doutor da Igreja, lembrai-nos de que nunca quem procurou vosso auxílio deixou de ser atendido. Animados, nós também, por essa grande confiança e pela certeza de que não rezaremos em vão, recorremos a vós que sois tão rico em graças e o mais afortunado amigo do Menino

Jesus e de sua Santa Mãe. Esperamos que intercedais a Deus em nosso favor e que possamos alcançar a graça de que necessitamos. Isso vos pedimos por intermédio de Maria, nossa Mãe. Amém.

Pai-Nosso, Ave-Maria, Glória.
Santo Antônio, rogai por nós.

SEXTO DIA

Em nome do Pai, do Filho e do Espírito Santo. Amém.

Leitura bíblica

"O espírito do Senhor Deus está em mim, porque o Senhor me ungiu. Enviou-me para levar a boa nova aos pobres, para curar os de coração aflito, a anunciar aos cativos a libertação, aos prisioneiros o alvará de soltura" (Is 61,1).

"Confirmou para ele uma aliança eterna, deu-lhe o sacerdócio do seu povo, encheu-o de felicidade e de glória e o cingiu com uma veste gloriosa. Revestiu-o com magnificência perfeita e o coroou com as insígnias da sua dignidade" (Eclo 45,8-9).

"Ai dos governantes, pastores que destroem e dispersam o rebanho da minha pastagem!" (Jr 23,1).

Santo Antônio: sacerdote segundo o Coração do Altíssimo

Os historiadores não precisam onde e quando Santo Antônio foi ordenado sacerdote. Alguns acham que foi em Coimbra, ainda agostiniano; outros afirmam que foi na cidade de Forli (Itália), em 1222, fazendo já parte da Ordem dos Frades Menores.

Foi um sacerdote segundo o Coração do Altíssimo, piedoso e zeloso, fiel observador das normas dos franciscanos. Certa vez chegou a liderar um grupo que se insurgiu contra os abrandamentos introduzidos nas regras pelo Frade Elias. Combateu a vida incerta de alguns setores do clero. Procurou, como o Bom Pastor, as ovelhas desgarradas, para trazê-las de volta ao redil de Cristo. Exemplo de santidade e de dedicação total ao múnus sacerdotal.

Oração do dia

Ó glorioso Santo Antônio, sacerdote segundo o Coração do Altíssimo, despertai em todas as famílias e comunidades cristãs vocações sacerdotais e religiosas, para que o sacrifício de Cristo continue do despertar ao pôr do sol e em todos os quadrantes da terra, a ser renovado para a salvação do mundo. Fazei com que não falte para os fiéis o Pão dos Anjos. Amparai os sacerdotes em sua difícil missão de ser sal da terra e luz do mundo. Que eles perseverem na sua vocação e que sejam agradáveis aos olhos de Deus!

Oração final

Ó amável e querido Santo Antônio, confessor e doutor da Igreja, lembrai-nos de que nunca quem procurou vosso auxílio deixou de ser atendido. Animados, nós também, por essa grande confiança e pela certeza de que não rezaremos em vão, recorremos a vós que sois tão rico em graças e o mais afortunado amigo do Menino Jesus e de sua Santa Mãe. Esperamos que intercedais a Deus em nosso favor e que possamos alcançar a graça de que necessitamos. Isso vos pedimos por intermédio de Maria, nossa Mãe. Amém.

Pai-Nosso, Ave-Maria, Glória.
Santo Antônio, rogai por nós.

SÉTIMO DIA

Em nome do Pai, do Filho e do Espírito Santo. Amém.

Leitura bíblica

"Eis o meu servo, dou-lhe o meu apoio. É o meu escolhido, alegria do meu coração. Pus nele o meu espírito, ele vai levar o direito às nações" (Is 42,1). (Cf. também Mt 28,18-20.)

Santo Antônio: pregador infatigável do Reino de Deus

Santo Antônio revelou-se pregador inflamado do Reino de Deus. Do alto do púlpito das igrejas, nas cátedras das universidades, nas praças públicas e nas praias desertas, anunciava o Reino de Deus, combatia vigorosamente as injustiças e desordens sociais, a exploração dos pobres e os maus costumes de alguns clérigos.

Ao mesmo tempo que fustigava com energia os erros dos hereges, mostrava-se doce e acolhedor com os pecadores arrependidos.

Certa vez, enquanto o santo pregava, a maioria dos ouvintes saiu da igreja. Santo Antônio deixou a igreja e alcançou uma das praias da cidade de Rimini. Com voz retumbante clamou aos peixes que o ouvissem e celebrassem os louvores do seu supremo Criador, já que os homens ingratos não queriam fazê-lo. Ao ecoar daquela voz imperiosa, apareceram logo milhares de peixes, que, erguendo suas cabeças da água, ficaram por muito tempo imóveis, a ouvir o santo.

Diante desse milagre, os hereges reconheceram seus erros e se converteram.

Oração do dia

Ó milagroso Santo Antônio, fazei com que os nossos ouvidos e o nosso coração estejam sempre atentos e abertos à voz de Deus. Queremos, convosco e com todas as criaturas da terra, louvar ao Senhor. *Benedicite, cete et omnia quae moventur in aquis, Domino*: "Louvai, peixes, a Deus, os grandes e os pequenos", e repartidos em dois coros tão inumeráveis, louvai-o todos uniformemente. Louvai a Deus, porque vos criou em tanto número. Louvai a Deus, que vos distinguiu em tantas espécies; louvai a Deus, que vos vestiu de tanta variedade e formosura; louvai a Deus, que vos habilitou de todos os instrumentos necessários à vida; louvai a Deus, que vos deu um elemento tão largo e tão puro;

louvai a Deus, que, vindo a este mundo, viveu entre vós, e chamou para si aqueles que convosco e de vós viviam; louvai a Deus, que vos sustenta; louvai a Deus, que vos conserva; louvai a Deus, que vos multiplica; louvai a Deus, enfim, servindo e sustentando o homem, que é o fim para que vos criou; e assim como no princípio vos deu sua bênção, vo-la dê também agora. Amém (Pe. Antônio Vieira).

Oração final

Ó amável e querido Santo Antônio, confessor e doutor da Igreja, lembrai-nos de que nunca quem procurou vosso auxílio deixou de ser atendido. Animados, nós também, por essa grande confiança e pela certeza de que não rezaremos em vão, recorremos a vós que sois tão rico em graças e o mais afortunado amigo do Menino

Jesus e de sua Santa Mãe. Esperamos que intercedais a Deus em nosso favor e que possamos alcançar a graça de que necessitamos. Isso vos pedimos por intermédio de Maria, nossa Mãe. Amém.

Pai-Nosso, Ave-Maria, Glória.
Santo Antônio, rogai por nós.

OITAVO DIA

Em nome do Pai, do Filho e do Espírito Santo. Amém.

Leitura bíblica

"Não quiseste vítima nem oferenda, mas formaste um corpo para mim. Não foram do teu agrado holocaustos nem sacrifícios pelo pecado. Então eu disse: Eis que eu vim, ó Deus, para fazer a tua vontade..." (Hb 10,5-7).

"Pai, se quiseres, afasta de mim este cálice; contudo, não seja feita a minha vontade, mas a tua!" (Lc 22,42).

Santo Antônio: modelo de obediência e de submissão

Desde pequeno, Antônio era como o Menino Jesus, submisso aos pais e, uma vez franciscano, obediente a seus superiores. Fiel à palavra dada, recorria até a milagres para não faltar aos compromissos assumidos.

Certa vez, no domingo de Páscoa, enquanto pregava na Catedral, o santo lembrou-se de que fora designado para entoar a Aleluia na missa celebrada naquele momento na Igreja do convento franciscano. Não querendo faltar com a obediência e não podendo descer do púlpito, parou um pouco, calou-se como se estivesse retomando a respiração e, nesse momento, foi milagrosamente visto no coro de seu convento, entoando a Aleluia.

Oração do dia

Ó Santo Antônio, modelo de submissão e obediência, ensinai-nos a sermos fiéis aos compromissos assumidos no Batismo diante da Igreja. Tornai-nos dóceis e obedientes à voz de Deus, que nos fala na Sagrada Escritura. Afastai de nós a mentira e toda simulação, que possam prejudicar o nosso próximo. Fazei com que o nosso sim seja sim e que o nosso não seja não. Tornai-nos, a vosso exemplo, imitadores de nosso Senhor Jesus Cristo, que, para nos salvar, se fez obediente até a morte na cruz. Que seja feita sempre não a nossa vontade, mas a vontade de Deus.

Oração final

Ó amável e querido Santo Antônio, confessor e doutor da Igreja, lembrai-nos de que nunca quem procurou vosso auxílio deixou de ser atendido. Animados, nós também, por essa grande confiança e pela certeza de que não rezaremos em vão, recorremos a vós que sois tão rico em graças e o mais afortunado amigo do Menino Jesus e de sua Santa Mãe. Esperamos que intercedais a Deus em nosso favor e que possamos alcançar a graça de que necessitamos. Isso vos pedimos por intermédio de Maria, nossa Mãe. Amém.

Pai-Nosso, Ave-Maria, Glória.
Santo Antônio, rogai por nós.

NONO DIA

Em nome do Pai, do Filho e do Espírito Santo. Amém.

Leitura bíblica

"Há diversidade de dons, mas o Espírito é o mesmo. Há diversidade de ministérios, mas o Senhor é o mesmo. Há diferentes atividades, mas é o mesmo Deus que realiza tudo em todos. A cada um é dada a manifestação do Espírito, em vista do bem de todos. A um é dada pelo Espírito uma palavra de sabedoria; a outro, uma palavra de conhecimento segundo o mesmo Espírito. A outro é dada a fé, pelo mesmo Espírito. A outro são dados os dons de cura, pelo mesmo Espírito. A outro, o poder de fazer milagres. A outro, a profecia.

A outro, o discernimento dos espíritos. A outro, a diversidade de línguas. A outro, o dom de as interpretar. Todas essas coisas as realiza um e o mesmo Espírito, que distribui a cada um conforme quer" (1Cor 12,4-11).

Santo Antônio: doutor ilustre da Igreja

Santo Antônio percorreu a França e a Itália, ensinando nas melhores universidades e pregando nos púlpitos de centenas de Igrejas. Deixou muitos escritos, principalmente de seus inflamados sermões. A profundidade dos textos doutrinários de Santo Antônio fez com que, em 1946, o papa Pio XII o declarasse doutor da Igreja.

Os hereges, os pecadores e até os animais não resistiam à sua palavra inspirada.

Aquela língua que tanto serviu para propagar o Reino de Deus, louvar a seu Senhor e converter os pecadores continua intacta, guardada num relicário na Basílica de Santo Antônio, em Pádua.

Oração do dia

Ó Santo Antônio, grande doutor da Igreja, que ilustrastes a eterna e imutável verdade, tanto pela palavra como pelo exemplo, nós vos suplicamos que nos conserveis na fé católica e que nos torneis apóstolos zelosos do Reino de Deus.

Oração final

Ó amável e querido Santo Antônio, confessor e doutor da Igreja, lembrai-nos de que nunca quem procurou vosso auxílio deixou de ser atendido. Animados, nós também, por essa grande confiança e pela certeza de que não rezaremos em vão, recorremos a vós que sois tão rico em graças e o mais afortunado amigo do Menino

Jesus e de sua Santa Mãe. Esperamos que intercedais a Deus em nosso favor e que possamos alcançar a graça de que necessitamos. Isso vos pedimos por intermédio de Maria, nossa Mãe. Amém.

Pai-Nosso, Ave-Maria, Glória.
Santo Antônio, rogai por nós.

TREZENA DE SANTO ANTÔNIO

As treze terças-feiras em honra de Santo Antônio

Um pouco de história e o significado da trezena.

Por volta de 1617, uma senhora da cidade de Bolonha (Itália) ainda não tinha conseguido gerar um filho, apesar de ter tentado desde que se casou, durante longos anos. Na sua aflição, recorreu a Santo Antônio com muita fé.

O santo lhe apareceu em sonho, pedindo-lhe para visitar a igreja dos Frades Menores e receber a Santa Comunhão durante nove terças-feiras consecutivas, que suas preces seriam atendidas.

O filho tão desejado, que asseguraria a continuidade da descendência, chegou para a grande alegria daquela família. O bebê, porém, nasceu aleijado e disforme, correndo risco de morrer. A mãe não perdeu a confiança no seu protetor e levou seu filhinho à capela do convento dos franciscanos. Quando o colocou no altar do santo e ele tocou a ara sagrada, logo se transformou numa criança saudável e perfeita.

A partir desse milagre, a devoção das *Nove Terças-feiras*, que depois se elevou para treze, em comemoração à data da morte de Santo Antônio, espalhou-se pelo mundo inteiro.

Oração inicial (*a ser repetida todos os dias da trezena*)

Em nome do Pai e do Filho e do Espírito Santo. Amém.

Ó glorioso e querido Santo Antônio, o vosso amor a Deus e vosso zelo em propagar seu Reino, vossa compaixão para com os mais pobres e deserdados, vossa devoção ao Menino Jesus e sua Santa Mãe, mereceram-vos durante vossa vida e após a vossa santa morte o dom dos milagres. Lembrai-vos, ó querido santo protetor, de que nunca se ouviu dizer que fosse abandonado aquele que a vós recorresse, implorando vossa proteção. Com fé e confiança recorro a vós e imploro humildemente que atendais ao meu pedido (*dizer a graça que deseja*). Assim seja.

1ª Terça-feira

Nosso santo protetor, Santo Antônio: o egoísmo, a violência, o desamor campeiam em toda parte, Deus e seus mandamentos são esquecidos e desrespeitados, Cristo Jesus ofendido e sua Santa Mãe injuriada. Protegei nossas famílias, aumentai a nossa fé, dai-nos um coração dócil à ação do Espírito Santo e aberto à caridade.

Pai-Nosso, Ave-Maria, Glória.
Rogai por nós, glorioso Santo Antônio.
Para que sejamos dignos das promessas de Cristo.

2ª Terça-feira

Ó glorioso Santo Antônio, o vosso coração manso e humilde só pulsou para amar e servir a Deus. Essa chama que ardia em vosso coração se espalhou pelo mundo, atingindo a quantos se aproximassem de vós. Na contemplação do Coração de Jesus, aberto pela lança, aprendestes a amá-lo e as almas resgatadas pelo seu Sangue preciosíssimo. Tornai o nosso coração semelhante ao vosso e ensinai-nos aprender amar a Deus e ao próximo como a nós mesmos.

3ª Terça-feira

Ó bondoso Santo Antônio, durante toda a vida terrena, por onde vós passáveis, espalháveis paz e bem, afastai de nós toda intolerância e toda discórdia. Fazei com que em nossas famílias reinem a paz e o amor. Tornai-nos construtores da paz e fiéis discípulos de Cristo, Nosso Senhor.

4ª Terça-feira

Ó Santo Antônio, vós que fostes luz e sal da terra, conservai-nos na fé. Afastai de nós todo erro e toda maldade. Livrai-nos das ciladas do inimigo maligno. E, se por acaso cairmos durante a nossa caminhada para o Pai, ajudai-nos a nos levantar e a seguir os passos de Jesus, porque só ele é o caminho, a verdade e a vida.

5ª Terça-feira

Ó bondoso Santo Antônio, vós que fostes sempre compassivo para com as mães angustiadas e apreensivas pela sorte de seus filhos, alcançai-nos de Deus misericordioso e da Virgem Maria, nossa Mãe celestial, que as nossas crianças e nossos jovens cresçam numa família e numa terra sem males.

6ª Terça-feira

Ó zeloso Santo Antônio, vós que, para pregar a Palavra de Deus e para trazer de volta ao redil de Cristo as ovelhas desgarradas, sofrestes perseguições e incompreensões, fazei com que todos os homens e mulheres que sofrem perseguições por causa do Reino de Deus sejam amparados e confirmados no testemunho e na fidelidade diante dos sofrimentos.

7ª Terça-feira

Ó Santo Antônio, peregrino de Cristo, vós que deixastes a terra natal para seguir os passos de Jesus e levar a Boa Notícia a terras estranhas, conheceis bem as agruras e sofrimentos dos migrantes. Amparai a todos aqueles que são forçados pela fome, pela falta de trabalho, pelas perseguições e pelas injustiças sociais a deixar sua pátria, sua casa, sua família.

8ª Terça-feira

Ó misericordioso Santo Antônio, vós que, como fiel seguidor de Cristo e de São Francisco, escolhestes uma vida de pobreza e de penitência, fazei com que nossos olhares estejam voltados para as coisas do céu e que o nosso coração se abra para os mais carentes e desamparados.

9ª Terça-feira

Ó Santo Antônio, modelo de perseverança, pelo amor e dedicação que vos levou inúmeras vezes a atender os agonizantes, confortando-os e ajudando-os no seu derradeiro combate, assisti-nos na hora da nossa morte e acompanhai-nos até a mansão eterna.

10ª Terça-feira

Ó Santo Antônio, infatigável missionário, que percorrestes vilas e cidades para pregar o Evangelho e converter os hereges, mostrando a todos o caminho da verdade e da unidade. Confirmai-nos na fé católica e fazei com que os nossos irmãos separados possam reencontrar o caminho da unidade, formando novamente uma só família em Cristo.

11ª Terça-feira

Ó invencível Santo Antônio, que com o jejum e a oração afugentastes e derrotastes os demônios, guardai nossas almas e nossos corpos, defendei-nos contra as tentações do inimigo maligno, para que não exerça o poder de nos molestar em pensamentos, palavras e obras, e afastai de nós quaisquer medos e vãos receios. Cultivai em nós o santo temor de Deus.

12ª Terça-feira

Ó glorioso Santo Antônio, arrebatador de almas, que ouvistes o grito agonizante de Cristo: tenho sede! Guiai-nos até a fonte viva para que possamos beber da água que mata a sede para sempre. O mesmo Jesus diz: "Quem beber da água que eu lhe der nunca mais terá sede, pois a água que eu lhe der se tornará nele fonte de água jorrando para a vida eterna" (cf. Jo 4,14).

13ª Terça-feira

Ó Santo Antônio, lírio branco de pureza e fiel servidor de Jesus, que tivestes a felicidade de receber a visita da Santa Mãe de Deus e tivestes nos vossos braços virginais o Menino Jesus, nós vos suplicamos que nos preserveis de todos os males corporais e espirituais; auxiliai a todos os que lutam para se livrar da escravidão da droga e de qualquer outro vício; velai pelo povo de Deus, que é santo, mas também pecador, a fim de que possamos convosco agradecer e louvar a Deus por toda a eternidade. Amém.

Responsório de Santo Antônio

Se milagres desejais
Contra os males e o demônio,
Recorrei a Santo Antônio
E não falhareis jamais.

Pela sua intercessão
Foge a peste, o erro e a morte,
Quem é fraco fica forte,
Mesmo o enfermo fica são.

Rompem-se as mais vis prisões,
Recupera-se o perdido,
Cede o mar embravecido
No maior dos furacões.

Penas mil e humanos ais
Se moderam, se retiram:
Isto digam os que viram,
Os paduanos e outros mais.

Oração

Santo Antônio, poderoso auxiliar, em que o amor de Nosso Senhor Jesus Cristo opera tão grandes maravilhas, invocamos o vosso auxílio para que sejamos livres das ciladas do inimigo maligno, dos raios, das tempestades, do incêndio, da guerra e de todos os perigos visíveis e invisíveis. Conservai-nos na fé da Igreja Católica e acendei nos nossos corações a chama da divina caridade e do amor fraterno a fim de que, após a nossa caminhada neste vale de lágrimas, possamos convosco glorificar aquele que, com o Pai e o Espírito Santo, vive e reina para sempre. Amém.

Pai-Nosso, Ave-Maria, Glória.
Santo Antônio, rogai por nós.

NOSSAS DEVOÇÕES
(Origem das novenas)

De onde vem a prática católica das novenas? Entre outras, podemos dar duas respostas: uma histórica, outra alegórica.

Historicamente, na Bíblia, no início do livro dos Atos dos Apóstolos, lê-se que, passados quarenta dias de sua morte na Cruz e de sua ressurreição, Jesus subiu aos céus, prometendo aos discípulos que enviaria o Espírito Santo, que lhes foi comunicado no dia de Pentecostes.

Entre a ascensão de Jesus ao céu e a descida do Espírito Santo, passaram-se nove dias. A comunidade cristã ficou reunida em torno de Maria, de algumas mulheres e dos apóstolos. Foi a primeira novena cristã. Hoje, ainda a repetimos todos os anos, orando, de modo especial, pela unidade dos cristãos. É o padrão de todas as outras novenas.

A novena é uma série de nove dias seguidos em que louvamos a Deus por suas maravilhas, em particular, pelos santos, por cuja intercessão nos são distribuídos tantos dons.

Alegoricamente, a novena é antes de tudo um ato de louvor ao Pai, ao Filho e ao Espírito Santo, Deus três vezes Santo. Três é número perfeito. Três vezes três, nove. A novena é louvor perfeito à Trindade. A prática de nove dias de oração, louvor e súplica confirma de maneira extraordinária nossa fé em Deus que nos salva, por intermédio de Jesus, de Maria e dos santos.

O Concílio Vaticano II afirma: "Assim como a comunhão cristã entre os que caminham na terra nos aproxima mais de Cristo, também o convívio com os santos nos une a Cristo, fonte e cabeça de que provêm todas as graças e a própria vida do povo de Deus" (*Lumen Gentium*, 50).

Nossas Devoções procuram alimentar o convívio com Jesus, Maria e os santos, para nos tornarmos cada dia mais próximos de Cristo, que nos enriquece com os dons do Espírito e com todas as graças de que necessitamos.

Francisco Catão

Coleção Nossas Devoções

- *Os Anjos de Deus: novena* – Francisco Catão
- *Dulce dos Pobres: novena e biografia* – Marina Mendonça
- *Francisco de Paula Victor: história e novena* – Aparecida Matilde Alves
- *Frei Galvão: novena e história* – Pe. Paulo Saraiva
- *Imaculada Conceição* – Francisco Catão
- *Jesus, Senhor da vida: dezoito orações de cura* – Francisco Catão
- *João Paulo II: novena, história e orações* – Aparecida Matilde Alves
- *João XXIII: biografia e novena* – Marina Mendonça
- *Maria, Mãe de Jesus e Mãe da Humanidade: novena e coroação de Nossa Senhora* – Aparecida Matilde Alves
- *Menino Jesus de Praga: história e novena* – Giovanni Marques Santos
- *Nhá Chica: Bem-aventurada Francisca de Paula de Jesus* – Aparecida Matilde Alves
- *Nossa Senhora Achiropita: novena e biografia* – Antonio Sagrado Bogaz e Rodinei Carlos Thomazella
- *Nossa Senhora Aparecida: história e novena* – Maria Belém
- *Nossa Senhora da Cabeça: história e novena* – Mario Basacchi
- *Nossa Senhora da Luz: novena e história* – Maria Belém
- *Nossa Senhora da Penha: novena e história* – Maria Belém
- *Nossa Senhora da Salete: história e novena* – Aparecida Matilde Alves
- *Nossa Senhora das Graças ou Medalha Milagrosa: novena e origem da devoção* – Mario Basacchi
- *Nossa Senhora de Caravaggio: história e novena* – Leomar A. Brustolin e Volmir Comparin
- *Nossa Senhora de Fátima: novena* – Tarcila Tommasi
- *Nossa Senhora de Guadalupe: novena e história das aparições a São Juan Diego* – Maria Belém
- *Nossa Senhora de Nazaré: novena e história* – Maria Belém
- *Nossa Senhora Desatadora dos Nós: história e novena* – Frei Zeca
- *Nossa Senhora do Bom Parto: novena e reflexões bíblicas* – Mario Basacchi

- *Nossa Senhora do Carmo: novena e história* – Maria Belém
- *Nossa Senhora do Desterro: história e novena* – Celina Helena Weschenfelder
- *Nossa Senhora do Perpétuo Socorro: história e novena* – Mario Basacchi
- *Nossa Senhora Rainha da Paz: história e novena* – Celina Helena Weschenfelder
- *Novena à Divina Misericórdia* – Tarcila Tommasi
- *Novena das Rosas: história e novena de Santa Teresinha do Menino Jesus* – Aparecida Matilde Alves
- *Novena em honra ao Senhor Bom Jesus* – José Ricardo Zonta
- *Ofício da Imaculada Conceição: orações, hinos e reflexões* – Cristóvão Dworak
- *Orações do cristão: preces diárias* – Celina Helena Weschenfelder
- *Padre Pio: novena e história* – Maria Belém
- *Paulo, homem de Deus: novena de São Paulo Apóstolo* – Francisco Catão
- *Reunidos pela força do Espírito Santo: novena de Pentecostes* – Tarcila Tommasi
- *Rosário dos enfermos* – Aparecida Matilde Alves
- *Rosário por uma transformação espiritual e psicológica* – Gustavo E. Jamut
- *Sagrada Face: história, novena e devocionário* – Giovanni Marques Santos
- *Sagrada Família: novena* – Pe. Paulo Saraiva
- *Sant'Ana: novena e história* – Maria Belém
- *Santa Cecília: novena e história* – Frei Zeca
- *Santa Edwiges: novena e biografia* – J. Alves
- *Santa Filomena: história e novena* – Mario Basacchi
- *Santa Gemma Galgani: história e novena* – José Ricardo Zonta
- *Santa Joana d'Arc: novena e biografia* – Francisco de Castro
- *Santa Luzia: novena e biografia* – J. Alves
- *Santa Maria Goretti: história e novena* – José Ricardo Zonta
- *Santa Paulina: novena e biografia* – J. Alves
- *Santa Rita de Cássia: novena e biografia* – J. Alves

- *Santa Teresa de Calcutá: biografia e novena* – Celina Helena Weschenfelder
- *Santa Teresinha do Menino: novena e biografia* – Jesus Mario Basacchi
- *Santo Afonso de Ligório: novena e biografia* – Mario Basacchi
- *Santo Antônio: novena, trezena e responsório* – Mario Basacchi
- *Santo Expedito: novena e dados biográficos* – Francisco Catão
- *Santo Onofre: história e novena* – Tarcila Tommasi
- *São Benedito: novena e biografia* – J. Alves
- *São Bento: história e novena* – Francisco Catão
- *São Brás: história e novena* – Celina Helena Weschenfelder
- *São Cosme e São Damião: biografia e novena* – Mario Basacchi
- *São Cristóvão: história e novena* – Mário José Neto
- *São Francisco de Assis: novena e biografia* – Mario Basacchi
- *São Francisco Xavier: novena e biografia* – Gabriel Guarnieri
- *São Geraldo Majela: novena e biografia* – J. Alves
- *São Guido Maria Conforti: novena e biografia* – Gabriel Guarnieri
- *São José: história e novena* – Aparecida Matilde Alves
- *São Judas Tadeu: história e novena* – Maria Belém
- *São Marcelino Champagnat: novena e biografia* – Ir. Egídio Luiz Setti
- *São Miguel Arcanjo: novena* – Francisco Catão
- *São Pedro, Apóstolo: novena e biografia* – Maria Belém
- *São Roque: novena e biografia* – Roseane Gomes Barbosa
- *São Sebastião: novena e biografia* – Mario Basacchi
- *São Tarcísio: novena e biografia* – Frei Zeca
- *São Vito, mártir: história e novena* – Mario Basacchi
- *A Senhora da Piedade: setenário das dores de Maria* – Aparecida Matilde Alves
- *Tiago Alberione: novena e biografia* – Maria Belém

Rua Dona Inácia Uchoa, 62
04110-020 – São Paulo – SP (Brasil)
Tel.: (11) 2125-3500
paulinas.com.br – editora@paulinas.com.br
Telemarketing e SAC: 0800-7010081